이야기로 만나는 예수님

예수님이 만난 갈릴리 사람들

Galilee

저자 정부선

도서출판사 TOBIA

예수님과 갈릴리 사람들

김덕진 목사 토비아선교회대표

　오래전 갈릴리 땅은 가난하고 힘든 사람들이 많이 살았습니다. 갈릴리 사람들은 오래전 우리나라가 일본제국에 식민지로 살던 때처럼 폭압적인 통치로 고통받고 신음했습니다. 갈릴리 사람들이 의지할 곳은 오직 하늘 하나님뿐이었습니다. 그때 세례요한이 하나님께서 구원하실 때가 곧 임할 것을 예언했습니다. 그리고 하나님의 메시아가 오실 것을 외치며 그 길을 예비하고 그분을 맞이할 준비를 하라고 외쳤습니다. 세례요한의 예언은 곧 실현되었습니다. 예수님께서 오신 것입니다.

　갈릴리 사람들은 목자 잃은 양과 같이 갈 길을 잃고 헤매었습니다. 그들은 돌봄 받지 못하는 양들처럼 두려움 가운데 갈릴리를 방황했습니다. 그들은 병들었고 굶주렸고 못된 지도자들과 위정자들, 로마의 학대와 압제로 몸과 마음 그리고 영혼이 상했습니다. 그들은 결국 귀신과 악한 영에 사로잡혔습니다. 예수님께서는 슬픔과 절망으로 어둠 속을 살아가는 갈릴리 사람들에게 오셨습니다. 그리고 그들과 함께하시며 그들의 삶과 영혼을 회복시키셨습니다. 예수님께서는 갈릴리 사람들과 함께 하나님 나라의 제자 공동체를 꾸리시고 그들에게 하나님 나라 백성의 삶의 도리를 가르치셨습니다. 그리고, 제자들을 당신의 십자가의 길로 이끄셨습니다.

　예수님께서 사역하신 갈릴리 그 땅에는 변화가 일었습니다. 그 땅 사람들의 삶에 회복과 부흥이 있었습니다. 예수님께서는 특히 갈릴리 곳곳을 다니시며 그곳 사람들 하나하나를 만나셨습니다. 예수님의 만남은 세밀합니다. 그래서 예수님께서 만난 갈릴리 사람들에게는 구체적이고 근본적인 변화가 일어났습니다. 예수님께서 일으키신 변화를 경험한 사람들 가운데는 예수님의 동생 야고보나 세리 마태, 귀신 들린 마리아와 거라사 이방 땅의 사람도 있었습니다. 예수님께서는 갈릴리 사람 하나하나를 새로운 삶으로 인도하셨습니다.

　예수님께서 갈릴리 사람들과 만나신 이야기들은 오늘 우리 삶에도 계속됩니다. 예수님께서는 오늘도 우리에게 오셔서 우리의 갇혀있는 현실을 동행하시고 우리의 세상 거짓과 불의에 압제당해 신음하는 삶을 자유하게 하십니다. 우리 어린이들이 '예수님이 만난 갈릴리 사람들'의 이야기들을 통해 오시고 만나주시며 고치시고 회복시키시는 예수님을 진지하게 배울 수 있게 되기를 바랍니다. 그래서 인생 어느 순간 그들이 갈릴리의 현실을 살아간다는 것을 깨닫고 힘들어할 때 예수님을 구하고 예수님을 만날 수 있게 되기를 바랍니다. 예수님으로 말미암아 세상 그 무엇으로도 얻을 수 없는 평안과 기쁨, 은혜를 누릴 수 있게 되기를 바랍니다.

『예수님이 만난 갈릴리 사람들』 활용안내

● 『예수님이 만난 갈릴리 사람들』 신앙교육교재 구성 및 진행

> 1. 외울말씀 성경구절을 찾아 적고 암송하기
> 2. 성경이야기 QR코드를 이용한 이야기 듣기 또는 소리내어 읽기
> 3. 학습활동 성경이야기를 기억하며 과제 완성하기
> 4. 기도해요 각 과를 마무리하며 목소리로 기도하고, 1주일 동안 시간을 정해 기도하기

● 『예수님이 만난 갈릴리 사람들』 이렇게 시작해요

> 1. 회개의 기도로 시작해요.
>   한 주간 동안 잘못한 것이 있다면 회개의 기도를 드리며 모임을 시작해요.
> 2. 함께 나눔으로 시작해요.
>   한 주간 동안 갈릴리에서 사람들을 만나주신 예수님을 기억하며 우리 주변에 갈릴리의 사람들과
>   같은 친구와 이웃들을 위해 기도하며 함께 이야기를 나누어요.
> 3. 말씀을 복습하며 시작해요.
>   한 주간 동안 외운 말씀을 함께 점검하며 모임을 시작해요.

● 교사지침 안내

> 과별주제 및 교수학습진행안 PDF자료는 토비아홈페이지(www.tobiamin.com)를 통해 다운받아
> 사용 할 수 있습니다.

이야기로 만나는
절기 교육교재안내

토비아는 성서적 세계관에 기초한 어린이 절기신앙교육교재를 출판하고 있습니다. 시중 온/오프라인 서점에서 구입이 가능합니다. www.tobiamin.com으로 오시면 도서와 자료에 대한 자세한 정보를 확인할 수 있습니다.

사순절 신앙교육교재

이야기로 만나는 사순절
예수님을 따라 걸어요
정부선 박현경 최지혜 김희영
4,500원

이야기로 만나는 사순절
예수님의 사랑을 닮아가요
정부선 박현경
4,500원

대강절 신앙교육교재

이야기로 만나는 대강절
평화의 예수님을 기다려요
정부선 박현경
4,500원

이야기로 만나는 대강절
미라클 지저스(근간)
정부선
후원교회 PDF무료배포 (문의02-738-2082)

이야기로 만나는 예수님
예수님이 만난 갈릴리 사람들

1판 1쇄: 2021년 1월 27일

저자: 정부선
편집: 정부선, 오인표
디자인: 오인표
홍보/마케팅: 지동혁
펴낸이: 강신덕
펴낸곳: 도서출판 토비아
등록: 107-28-69342
주소: 03383) 서울시 은평구 은평로 21길 31-12, 4층
　　　T 02-738-2082　F 02-738-2083
인쇄: 삼영인쇄사 02-2273-3521

ISBN: 979-11-971316-6-0　03230

CONTENTS

메시아를 알아보지 못한 사람들
나사렛의 야고보

● 배울 말씀: 누가복음 4장 16-30절
● 외울 말씀: 누가복음 4장 24절

 누가복음 4장 24절을 찾아 를 채워 말씀을 완성한 후, 함께 외워요.

또					

| 진 | 실 | 로 | | | |

| | | | 선 | 지 | 자 | 가 |

| | | | |

| | 받 | 는 | | |

| | | |

누가복음 4장 24절

5 예수님이 만난 사람들

알아보지 못했어요!

QR코드를 핸드폰의 카메라로 스캔하면
이야기를 읽어주는 영상을 볼수 있습니다.

붉은 해가 조금씩 떠오르며 고요히 잠들었던 나사렛 마을에 아침이 찾아왔어요.
안식일 아침, 나사렛 마을 사람들이 하나 둘씩 회당으로 모여 들기 시작했어요.
오랜만에 고향을 방문한 예수님도 형제들과 함께 회당으로 향했어요.
마을 사람들은 예수님을 발견하고 웃으며 반갑게 인사를 나누었어요.
동생 야고보는 예수님과 함께 안식일을 보내게 되어 기분이 참 좋았어요.

정해진 시간이 되자, 회당에 모인 사람들이 모두 자리에 앉았어요.
오늘은 예수님께서 회당에 모인 사람들을 대표해 성경을 읽으셨어요.
선지자 이사야의 글을 펴신 예수님께서는 메시아에 관한 예언의 글을 찾아 읽으셨어요.
그리고 회당에 모인 사람들에게 이사야 말씀의 의미를 가르치셨어요.
예수님의 가르침을 들은 사람들은 크게 놀랐어요.
회당 안 여기저기에서 사람들이 웅성거리기 시작했어요.
"어찌된 일이야? 이 사람이 어디서 이런 놀라운 지혜를 얻었지?"
함께 있던 예수님의 동생 야고보와 다른 형제들도 모두 놀랐어요.
"우리 형이 맞는 거지? 도대체 어디서 저런 능력이 나오는 거야?"

웅성거리던 목소리가 점차 조용해지고, 사람들이 예수님을 주목하여 보았어요.
예수님께서는 회당 안에 있는 사람들을 잠시 바라보시더니 입을 열어 말씀하셨어요.
"메시아에 관한 선지자 이사야의 예언이 오늘 여러분들에게 이루어졌습니다."
바로 그때, 예수님의 이야기를 들은 사람들이 크게 화를 내며 소리치기 시작했어요.
"선지자 이사야의 예언이 이루어졌다고? 자기가 메시아라고?"
"이 사람은 우리가 알고 있는 요셉의 아들 그 목수가 아닌가!
 저기 앉아있는 야고보의 형제이며, 마리아의 아들 그 예수 말이야!"
"맞아요. 그와 그의 형제들이 우리와 함께 한 자들임을 온 마을 사람들이 다 아는데,
 어찌 자신이 메시아라 말하지!"

예수님께서는 자신을 배척하는 사람들을 향해 말씀하셨어요.

"여러분들이 나를 배척하듯 선지자가 고향에서는 환영을 받는 자가 없습니다."

화가 난 사람들은 자리에서 일어나 예수님을 마을 밖으로 쫓아냈어요.

예수님을 마을 끝 낭떠러지까지 끌고 갔어요. 그리고 아래로 밀쳐 떨어뜨리고자 했어요.

갑자기 바람이 불어 흙먼지를 일으켰어요. 잠시 앞이 보이지 않았어요.

바람이 멈추고 굳은 얼굴로 예수님을 쳐다보는 사람들이 보였어요.

예수님께서는 메시아를 알아보지 못하고 배척하는 나사렛 사람들의 굳은 얼굴들 사이를 지나

그곳을 나가셨어요. 그리고 메시아의 새로운 길을 여셨어요.

사람들 가운데로 지나서 나가시는 예수님의 모습을 멀리서 바라보던 한 사람이 있었어요.

바로 예수님의 동생 야고보였어요. 그때의 야고보는 예수님의 말을 이해할 수 없었어요.

예수님이 메시아임을 알아보지 못했어요. 예수님 때문에 화가 난 마을 사람들이 무서웠어요.

시간이 지난 뒤 야고보는 자신의 형 예수님이 이사야 선지자가 예언한 그 메시아임을 알게 되었어요.

야고보는 예수님이 하나님의 아들임을 믿게 되었어요.

그리고 이제는 예수님을 전하는 사도의 삶을 살아갔어요.

예수님께서는 나사렛에서 메시아이심을 선포하셨지만 나사렛 사람들은 구원자 되시는 예수님을 알아보지 못했어요. 예수님을 향한 나사렛 사람들의 생각과 마음과 행동을 찾아 보아요.

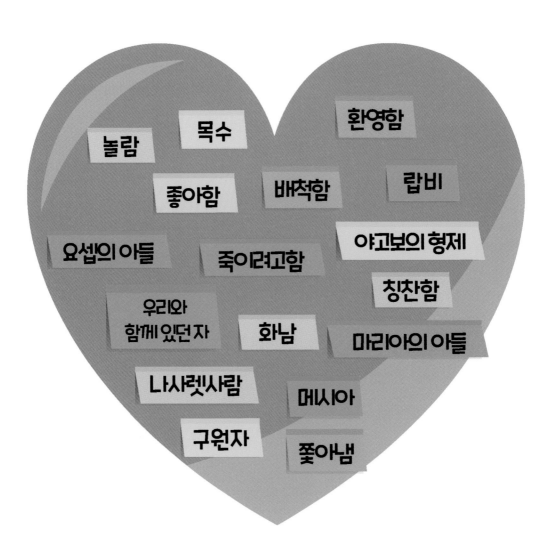

놀람
목수
환영함
좋아함
배척함
랍비
요셉의 아들
죽이려고함
야고보의 형제
칭찬함
우리와 함께 있던자
화남
마리아의 아들
나사렛사람
메시아
구원자
쫓아냄

함께 기도해요

우리를 죄에서 구원하실 메시아로 이 땅에 오신 예수님을 믿습니다.
우리의 구원자 되시는 예수님을 기쁨으로 맞이 하는 어린이가 되게 해주세요.
아멘.

변화에 대한 소망이 없는 사람들

가나의 나다나엘

2과

● 배울 말씀: 요한복음 1장 43절-2장 11절
● 외울 말씀: 요한복음 1장 50절

 요한복음 1장 50절을 따라 적고, 함께 말씀을 외워요.

예수께서
대답하여 이르시되
내가 너를
무화과나무 아래에서
보았다 하므로 믿느냐
이보다 더 큰 일을 보리라

요한복음 1장 50절

더 큰 일을 보리라!

QR코드를 핸드폰의 카메라로 스캔하면
이야기를 읽어주는 영상을 볼 수 있습니다.

가나 마을 입구에는 커다란 무화과나무가 있어요.

햇살을 받아 반짝이는 나뭇잎들 사이로 작은 새들이 찾아와 한가롭게 앉아 있었어요.

아침마다 무화과나무 아래로 찾아와 기도하는 한 사람이 있어요.

그 사람은 율법의 가르침을 열심히 지키며, 메시아를 기다리는 사람이었어요.

오늘도 그 사람은 무화과나무 아래에 앉아서 기도하고 있었어요.

"나다나엘! 나다나엘!"

무화과나무 아래에서 기도하던 나다나엘은 자신을 부르며, 멀리서 뛰어오는 친구 빌립을 보았어요.

"조심해! 무슨 다급한 일이기에 이렇게 뛰어오나?"

"이..이보게, 나다나엘! 나 말이야, 모세와 선지자가 기록한 그 분! 그 분을 만났어!"

"그 분이라니, 무슨 소리야? 메..메시아를 만났어?"

"맞아. 그 분은 바로 요셉의 아들 나사렛사람 예수님이야!"

"뭐? 나사렛사람? 말도 안 돼. 나사렛같이 작은 촌구석에서 메시아가 나올 리 없잖아!"

"아니야! 그분이 바로 우리가 기다리던 메시아야. 일단, 그분을 만나보자!"

나다나엘은 빌립의 손에 이끌려 예수님 앞으로 나아왔어요.

예수님께서는 무화과나무 아래에서 기도하던 나다나엘을 이미 알고 계셨어요.

나다나엘은 자기에 대해 모두 알고 계시는 예수님을 만났을 때 무척 놀랐어요.

가슴이 벅차올랐어요. 나다나엘은 떨리는 목소리로 예수님께 말했어요.

"예수님은 하나님의 아들이십니다! 제가 기다리던 바로 그분이십니다!
이제부터 예수님을 따르겠습니다."

예수님은 나다나엘의 손을 잡으시며 말씀하셨어요.

"나다나엘, 이제 더 큰 일을 보게 될 것입니다!"

며칠 후, 예수님께서는 가나 마을 어느 혼인잔치에 초대를 받으셨어요.

빌립과 나다나엘 그리고 다른 제자들도 예수님과 함께했어요.

그런데 큰 문제가 생겼어요.

혼인잔치에 사용하는 포도주가 모두 떨어졌어요.

이 일을 알게 된 예수님은 조용히 하인들에게 다가가셨어요.

나다나엘은 어디론가 가시는 예수님을 보고 자리에서 일어나 예수님을 따라갔어요.

그리고 하인들에게 말씀하시는 예수님의 이야기를 들었어요.

"여러분, 저기 있는 돌항아리에 물을 가득 채우세요."

예수님 옆에 서 있던 나다나엘은 어리둥절한 표정으로 말했어요.

"예수님! 지금 포도주가 떨어졌는데 돌항아리에 물을 채워 무엇에 쓰시려고요?"

예수님은 아무런 답도 하지 않고 하인들에게 다시 말씀하셨어요.

"이제 떠서 연회장에게 가져다주세요."

하인들은 예수님의 말씀에 순종했어요. 새포도주로 혼인잔치는 더 풍성해졌어요.

나다나엘은 예수님께서 물을 포도주로 변화시키시는 새로운 일을 눈으로 보고 크게 놀랐어요.

나다나엘은 예수님을 처음 만났던 그 날을 기억했어요.

나사렛에서 세상을 새롭게 변화시킬 메시아가 나올 수 없다고 생각했던 자신을 떠올렸어요.

이제 나다나엘은 물을 포도주로 바꾸신 예수님을 믿었어요.

그리고 새로운 변화를 일으키실 예수님을 소망하며 예수님을 따랐어요.

예수님께서는 가나에서 물이 포도주로 바뀌는 놀라운 일을 행하셨어요. 물이 포도주로 바뀐 항아리는 어디에 있을까요? 찾아 보아요.

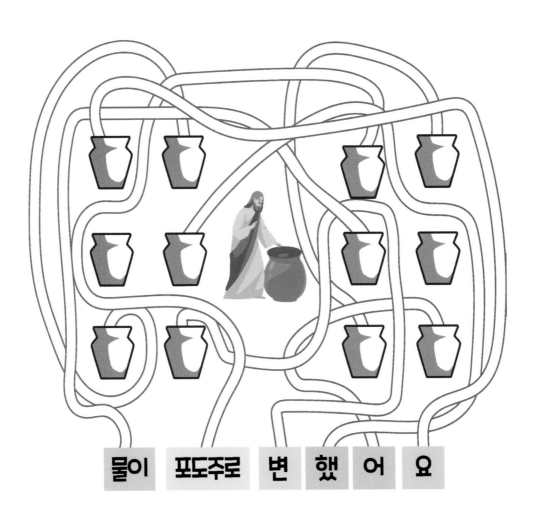

물이 포도주로 변 했 어 요

우리의 굳은 마음과 생각을 변화시키시는 예수님을 믿습니다. 예수님께서 우리 가운데 일으키시는 새로운 변화를 소망하는 어린이가 되게 해주세요. 아멘

초대받지 못한 사람들
가버나움의 마태

3과

● 배울 말씀: 누가복음 5장 27-32절
● 외울 말씀: 누가복음 5장 32절

 보기에서 알맞는 단어를 찾아 ▢ 를 채워 누가복음 5장 32절 말씀을 완성한 후 함께 외워요.

"내가 ▢ 을 ▢
온 것이 아니요
▢ 을 불러
▢ 시키러 왔노라"

누가복음 5장 32절

-보기-
죄인, 어린이들, 의인, 제자들
만나러, 부르러, 함께하러, 회개, 기도, 찬양

환영해 주셨어요!

QR코드를 핸드폰의 카메라로 스캔하면
이야기를 읽어주는 영상을 볼 수 있습니다.

갈릴릴 호수 위로 아침 해가 떠오르자 호수를 감싸던 새벽안개가 서서히 걷히기 시작했어요.

아침햇살이 눈부시게 비치는 가버나움 마을 포구에는 많은 사람들로 북적거렸어요.

선착장에는 밤새 잡은 물고기들을 배에서 내리는 사람들이 바삐 움직이고 있어요.

호숫가에서 웅크리고 앉아있던 갈매기들이 비릿한 냄새를 맡고 날아올라 주위를 맴돌아요.

해변에는 물고기를 잡지 못해 빈 그물만 손질하는 사람들도 있어요.

밤새도록 고생한 어부들은 허기지고 지친 몸으로 집으로 돌아가고 있었어요.

그때였어요. 어부들에게 누군가가 큰 소리로 말했어요.

"거기! 잠깐! 그냥 가면 안되지. 이곳을 지나가려면 세금을 내야지.
 그래, 밤새 물고기들은 많이 잡았나?"

"세리님, 밤새 그물질을 했지만 별로 잡지 못했습니다."

"그건 나와는 상관없는 일이고, 어서 세금을 내시게!"

포구에서 일하며 다니는 사람들에게 세금을 걷는 사람은 바로 마태였어요.

세리들은 사람들에게 많은 세금을 걷어 로마 정부에 정해진 부분을 상납하고, 남은 것으로 자신의 재산을

더 많이 늘리는 일만 중요하게 생각했어요. 다른 사람들의 형편을 배려하는 마음이 없었어요.

갈릴리 가버나움 사람들은 그런 세리들을 죄인이라 부르며 싫어했어요.

집과 창고에 재산이 많아질수록 마태는 사람들에게 더 많은 미움을 받았어요.

사람들에게 환영 받지 못했던 마태는 늘 외로웠고, 자기가 하는 일이 싫었어요.

해가 조금씩 넘어가는 늦은 오후가 되었어요.

"이제, 이곳을 오고가는 사람들도 줄어들고, 오늘은 더 이상 세금 낼 사람이
 없을 것 같네. 그럼, 어디 한번 세어 볼까?
 한 데나리온, 두 데나리온, 세 데나리온..."

세관 탁자에 앉아 돈을 세고 있는 마태에게 예수님께서 가까이 다가오셨어요.

그리고 마태를 물끄러미 바라보시며 다정한 목소리로 부르셨어요. "마태!"

누군가가 자신의 이름을 부르는 것 같았지만, 마태는 고개를 들지 않았어요.

마태는 가버나움에서 자신의 이름을 다정하게 불러줄 사람이 없다는 것을 잘 알고 있었어요.

예수님께서 마태를 다시 부르셨어요. "마태! 나를 보세요"

마태는 소리나는 쪽으로 고개를 들었어요.

오후 햇살을 등에 지고 환하게 웃으시는 예수님의 얼굴과 자신을 향해 내미신 예수님의 큰 손이 보였어요.

예수님께서 어두운 마태의 삶을 비추는 환한 빛으로 오셨어요.

"마태! 이제 나와 함께해요. 모든 것을 버리고 나를 따르세요!"

마태는 예수님의 손을 잡았어요. 그 자리에서 일어났어요.

마태는 자신에게 먼저 다가와 이름을 불러 주신 예수님, 죄인이었던 자신에게 손을 내밀어 환영해 주신

예수님께 감사했어요.

마태의 집에서 잔치가 열렸어요. 밤늦도록 계속되었어요.

예수님께서 죄인 마태의 집에 함께 계신다는 소문을 들은 세리들과 다른 사람들도 예수님을 찾아왔어요.

예수님은 그곳으로 찾아오는 모든 사람들을 따뜻하게 환영했어요. 그리고 죄인들과 함께 앉아 음식을 나누셨어요.

그 모습을 본 사람들은 예수님을 비난했어요. 하지만 예수님은 사람들의 말에 아랑곳하지 않으셨어요.

누구에게도 환영 받지 못했던 마태는 더 이상 죄인이 아니었어요.

이제는 예수님께 환영 받은 사람이 되었어요. 예수님과 함께하는 제자가 되었어요.

예수님께서는 가버나움에서 환영받지 못했던 죄인들을 맞이하시고 제자로 세우셨어요.
우리를 제자로 부르시는 예수님께로 나아가요.

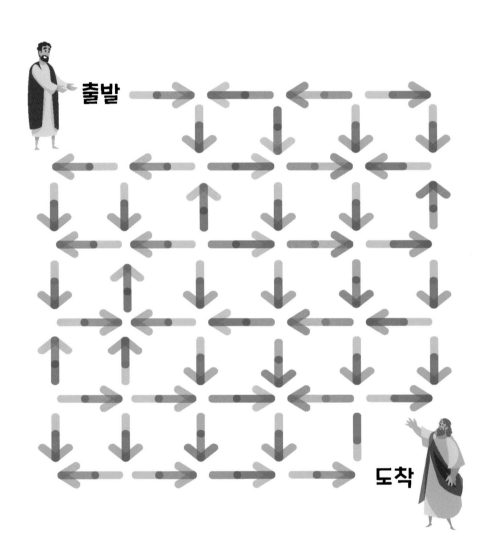

출발

도착

함께 기도해요

누구에게도 환영 받지 못했던 죄인들을 부르시고 제자로 세우신 예수님을 기억합니다. 나를 언제나 환영해주시는 예수님께 감사하는 어린이가 되게 되주세요.
아멘

목자를 잃은 사람들
벳새다 들판의 빌립

4과

- 배울 말씀: 마가복음 6장 32-44절
- 외울 말씀: 마가복음 6장 3구절

 마가복음 6장 3구절 말씀을 찾아 완성하고, 함께 외워요.

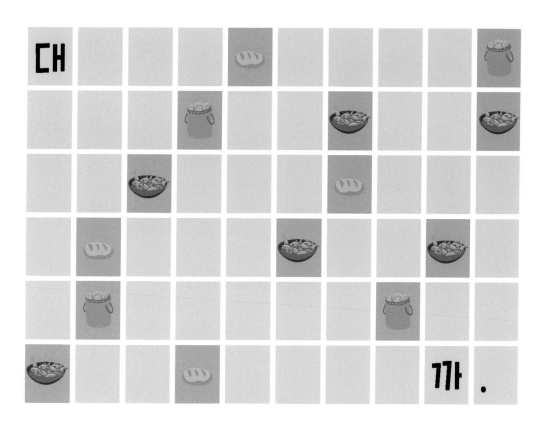

마가복음 6장 37절

너희가 먹을 것을 주어라!

QR코드를 핸드폰의 카메라로 스캔하면
이야기를 읽어주는 영상을 볼수 있습니다.

햇볕이 내리쬐는 한적한 벳새다 들판이 유난히 평화로워 보이는 이른 오후였어요.

호수에서 불어오는 시원한 바람이 인사라도 하듯 들판에 핀 꽃들을 흔들며 지나갔어요.

언제나 그렇듯 예수님께서는 한적한 곳에서 조용히 기도하고 계셨어요.

들판에 둘러앉은 제자들은 슬퍼 보이는 얼굴로 서로 이야기를 나누고 있었어요.

"세례 요한이 헤롯왕에게 처형당해 죽다니. 마음이 아프군.

"예수님께서도 세례 요한이 죽었다는 이야기를 듣고 많이 슬퍼하셨어요."

"세례 요한을 따르던 사람들도 이리저리 흩어졌다고 들었어요."

기도를 마치신 예수님께서는 제자들과 함께 하나님 나라에 대해 이야기하셨어요.

저 멀리 들판 아래에서 사람들의 소리가 들려왔어요. 제자 빌립이 자리에서 일어나 주변을 둘러보며 말했어요.

"예수님! 저기를 보세요. 많은 사람들이 지금 이곳으로 오고 있어요!"

예수님께서는 빌립이 가리킨 곳을 바라보았어요.

여기저기에서 몰려오는 사람들의 모습이 마치 목자를 잃은 양들이 이리저리 헤매는 것처럼 보였어요.

그 모습을 보고 마음이 아프셨던 예수님께서는 사람들을 사랑으로 품어 주셨어요.

병든 사람들을 고쳐 주셨어요. 하나님 나라를 전하셨어요. 목자를 잃은 사람들에게 목자가 되어 주셨어요.

어느새 해는 뉘엿뉘엿 넘어가고 벳새다 들판에는 어두움이 찾아왔어요.

제자들이 들판에 모인 사람들을 보더니 예수님께 다가가 말했어요.

"예수님! 날이 저물어 어두워지고 있어요. 허기진 배도 채워야 하는데 이곳 들판에서는

할 수 있는 것이 없어요. 사람들을 보내 마을에 머물며 각자 음식을 사 먹게 하시지요."

제자들의 이야기를 다 들으시고 예수님께서 말씀하셨어요.

"사람들을 마을로 보낼 필요 없어요. 여러분들이 저들에게 먹을 것을 주세요."

예수님의 이야기를 듣던 제자 빌립이 일그러진 얼굴로 말했어요.

"예수님! 저희는 음식을 가지고 있지 않아요.

그리고 먹을 것을 살 수 있는 돈도 없는데, 저희 더러 먹을 것을 주라 말씀하

시나요? 그냥 마을로 보내 각자 사 먹게 하시지요."

조금 뒤, 예수님의 제자 안드레가 물고기 두 마리와 보리떡 다섯 개를 예수님께로 가져왔어요.

예수님은 그 물고기 두 마리와 보리떡 다섯 개를 받으셨어요.

그것을 높이 들어 축복기도를 하신 후 떼어서 사람들에게 나누어 주라고 말씀하셨어요.

제자들은 들판에 있는 모든 사람들에게 물고기와 보리떡을 나누어 주었어요.

그러자 정말 놀라운 일이 일어났어요.

들판에 모였던 오천 명이 넘는 사람들이 배불리 먹고도 열 두 바구니가 남는 기적이 일어난 거예요.

예수님께서는 불쌍한 갈릴리 사람들을 진심으로 사랑하셨어요.

그들에게 필요한 것은 무엇이든 다 해주려고 하셨어요.

빌립은 뱃세다 들판에서 이루어진 예수님의 기적을 보며 자신이 했던 행동이 부끄러웠어요.

빌립은 예수님께서 당신과 같은 마음으로 목자를 잃은 양 같은 사람들을 불쌍히 여기고,

그들의 목자가 되어주기를 바라셨던 것을 깨달았어요.

이제 빌립은 예수님께서 품으셨던 목자의 마음을 늘 기억했어요.

그리고 예수님을 따르며 목자의 마음으로 사람들을 사랑으로 돌보는 제자의 삶을 살았어요.

예수님께서는 벳새다 들판에서 목자 잃은 양같은 사람들에게 목자가 되어 주셨어요.
배고픈 사람들의 필요를 채워 주셨어요. 사랑으로 돌보셨어요.
번호를 연결한 후 색칠하여 그림을 완성해 보아요.

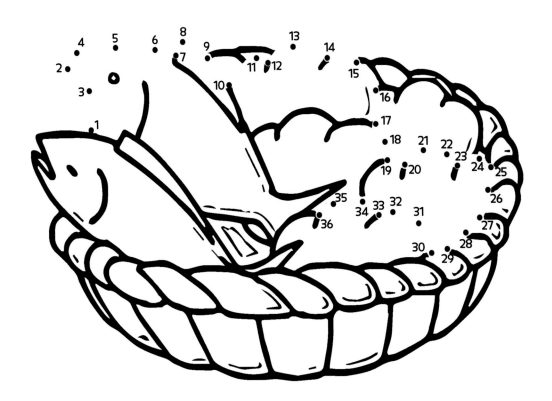

 누가복음 4장 35절을 따라 적고, 말씀을 함께 외워요.

예수께서
꾸짖어 이르시되
잠잠하고 그 사람에게서
나오라 하시니
귀신이 그 사람을
무리 중에
넘어뜨리고 나오되
그 사람은 상하지 아니한지라

누가복음 4장 35절

악한 영에 사로잡힌 사람들 막달라의 마리아

온전하게 하셨어요!

QR코드를 핸드폰의 카메라로 스캔하면
이야기를 읽어주는 영상을 볼 수 있습니다.

예수님께서는 햇볕이 내리쬐는 날에도, 바람이 세차가 부는 날에도, 비가 오는 날에도,

갈릴리 지역을 두루 다니시며 많은 사람들을 만나 주셨어요.

그곳에서 만나는 모든 병든 사람들을 고쳐 주셨어요.

배고픈 자들을 먹이시며 그들에게 하나님 나라를 선포하셨어요.

예수님의 이야기는 갈릴리 지역을 오가는 사람들을 통해 이 마을 저 마을로 퍼져갔어요.

어느 날, 예수님께서 제자들과 함께 갈릴리 지역을 다니시다가 막달라 마을로 찾아오셨어요.

멀리서 보아도 막달라는 아주 큰 마을이었어요.

막달라 마을에는 갈릴리 호수에서 잡은 물고기들을 손질하고 먹을 만하게 만들어 거래하는

아주 크고 유명한 시장이 있었어요. 갈릴리 지역뿐만 아니라 주변의 여러 먼 곳에서도 상인들이 찾아왔어요.

그리고 항상 많은 사람들로 북적 북적거렸어요.

상인들은 큰돈을 벌기 위해 사람들을 속이고, 괴롭히고, 빼앗기도 했어요.

마을의 높은 사람들도 더 많은 돈을 벌려는 욕심으로 사람들에게 더 많은 일을 시켰어요.

대부분의 막달라 마을 사람들은 탑처럼 쌓여 있는 물고기들을 처리하기 위해 정신없이 일만 했어요.

쉬지 못하고 매일매일 힘들게 일만 했어요.

막달라 마을에 사는 많은 사람들은 평안하고 온전한 삶을 살기 어려웠어요.

예수님께서는 이렇게 힘들게 살아가는 사람들을 만나기 위해 막달라 마을로 들어오셨어요.

예수님께서 막달라 마을에 오셨다는 소식을 들은 사람들이 거리로 몰려나왔어요.

정신없이 뛰어나오는 많은 사람들로 순식간에 마을이 시끄러워졌어요.

그때 사람들 사이로 누군가의 목소리가 들려왔어요.

"저리 비켜요! 정신도 온전하지 못하면서 이렇게 거리를 돌아다니면

어떡해요! 비켜요!"

예수님과 그곳에 있던 사람들은 고개를 돌려 쳐다보았어요.

"또 마리아군. 불쌍하게 됐지 뭐야."

"그러게, 이곳에서 자기 상점도 열고 재물도 많이 모았다던데."

"그러면 뭐해! 악한 영에게 사로잡혀 정신이 온전하지 못하니, 아무 소용없지!"

"정신 나가서 저리 돌아다니니 맨날 넘어지고 다치지."

많은 사람들 사이로 이리저리 부딪혀 바닥에 넘어진 한 여인이 보였어요.

예수님께서는 악한 영들에 사로잡혀 정신을 놓아버린 채 고통 받고 있는 마리아를 보셨어요.

일곱 귀신에게 마음과 정신을 빼앗긴 채 자기 삶을 잃어버린 마리아를 불쌍히 여기셨어요.

예수님께서 사람들 사이를 지나 마리아에게 다가가셨어요.

그리고 마리아를 사로잡고 있는 악한 영들에게 큰 소리로 명하셨어요.

"이 여인에게서 나오너라!"

마리아를 잡고 있던 일곱 귀신이 마리아의 몸에서 나와 떠나갔어요.

마리아가 고개를 들어 하늘을 봤어요. 반짝이는 햇살사이로 예수님의 얼굴이 보였어요.

"마리아! 일어나세요. 이제 당신은 온전하게 되었어요."

마리아는 예수님께서 내미신 손을 잡고 넘어져 있던 바닥에서 일어났어요.

마리아는 온전하게 하시는 예수님을 만났어요.

예수님의 손을 잡고 일어선 마리아는 이제 재물을 따라 사는 삶이 아니라,

예수님을 따라 살아가는 제자가 되었어요.

마리아는 세상과 재물을 섬기는 것이 아니라 예수님만을 섬겼어요.

예수님의 사역을 도왔어요.

그리고 예수님의 십자가 자리까지 따라갔어요.

부활하신 예수님을 누구보다 먼저 만난 마리아는 부활의 증인이 되었어요.

예수님께서는 막달라에서 일곱 귀신에게 사로잡혀 있던 마리아를 고쳐주셨어요. 온전하게 하셨어요. 일곱귀신이 나간 후 마리아는 어떠한 삶을 살았을까요? 암호를 풀어 알아보아요.

_____   _____

_____

_____

함께 기도해요

악한 영에 사로잡혔던 막달라 마리아를 온전하게 하신 예수님을 기억합니다. 우리를 사로잡는 모든 악한 영으로부터 우리를 지켜주시고, 우리를 온전하게 하시는 예수님만 의지하는 어린이가 되게 해주세요. 아멘

불의한 권세에 억눌린 사람들
거라사의 한 남자

6과

● 배울 말씀: 마가복음 5장 1-20절
● 외울 말씀: 마가복음 5장 15절

 마가복음 5장 15절 찾아 ⬤ 채워 말씀을 완성한 후, 함께 외워요.

예수께 이르러
그 귀신 들렸던 자 곧
⬤⬤⬤⬤⬤ 지폈던 자가
옷을 입고 정신이
⬤⬤ 하여 앉은 것을 보고
⬤⬤⬤ 하더라

마가복음 5장 15절

자유하게 하셨어요!

QR코드를 핸드폰의 카메라로 스캔하면
이야기를 읽어주는 영상을 볼수 있습니다.

예수님께서는 제자들과 갈릴리 건너편 거라사 지역으로 가기 위해 배에 오르셨어요.

제자들은 예수님의 말씀에 순종하여 배에 올랐지만, 거라사로 가는 것을 좋아하지 않았어요.

제자들이 생각하기에 거라사는 부정한 땅이었고, 유대인들이 가기를 꺼려하는 땅이었어요.

하지만 예수님께서는 사람들이 꺼리는 그곳 거라사로 가기로 결심하셨어요.

밤새 갈릴리 호수를 건넌 배가 드디어 육지에 닿았어요.

아직 해가 뜨기 전이라 주변이 어둑어둑했지만,

저 멀리 호숫가 산비탈에 있는 돼지 떼들과 돼지 치는 사람들이 보였어요.

요한이 제일 먼저 배에서 내리며 예수님께 말했어요.

"예수님, 거라사 땅에 도착했어요. 이제 어디로 가나요?"

그때였어요. 한 남자가 소리를 지르며 미친 듯이 달려왔어요. 놀란 제자들이 뒷걸음질하여 예수님 뒤로 숨었어요.

옷을 입지 않은 남자는 두 손과 발에는 끊어진 쇠사슬이 매달려 있었고, 돌로 자신의 몸을 마구 쳐서

온 몸이 상처투성이였어요.

돈을 벌기 위해 가족들과 함께 갈릴리에서 거라사로 건너왔던 그 사람은 이방의 땅에서 이방인들과 어울려 살아도

하나님의 율법을 지킬 수 있을 거라 생각했어요.

하지만 이방인의 땅에서 율법을 지키며 바르게 사는 일은 몹시 어려웠어요.

때로는 로마 군인들에게 끌려가 오랫동안 일을 했어요. 때로는 로마 군대를 위해 율법이 정한 부정한 동물인 돼지를

돌보는 일도 했어요. 마음은 괴로웠지만 거라사에서의 삶이 그랬어요.

불의하고 부정한 일을 자꾸 시키는 무서운 로마 군인들에게 대항할 수도 없었어요.

괴로운 삶이 계속되던 어느 날, 결국 군대와 같이 강한 힘을 가진 귀신이 들어와 그 사람을 사로잡았어요.

그리고 그의 몸과 마음을 헤치도록 했어요.

귀신에게 붙잡혀 고통 받는 사람을 불쌍히 여기신 예수님께서는

그 속에 들어와 고통을 주는 귀신에게 말씀하셨어요.

"이 사람을 억누르고 괴롭히는 네 이름이 무엇이냐!"

그러자 그 속에 있던 귀신이 대답했어요.

"군대입니다. 군대처럼 많은 우리가 이 사람 속에 있습니다."

"이제 이 사람에게서 나오라! 이 사람을 더 이상 괴롭히지 말고 떠나라!" 예수님이 말씀하셨어요.

군대귀신은 몹시 괴로워하며 더 큰 소리로 말했어요.

"하나님의 아들 예수여! 당신이 무슨 상관이 있기에 우리를 괴롭히십니까?"

"우리를 그냥 내버려 두십시오. 우리를 다른 곳으로 보내지 마십시오."

"예수님, 차라리 저기 있는 돼지들 속으로 들어가게 허락해주십시오."

예수님께서 군대귀신이 돼지들 속으로 들어가도록 허락하자 군대귀신은 그에게서 나와 돼지에게 들어가

돼지들을 괴롭혔어요. 군대귀신이 들어간 돼지들은 미쳐 날뛰며 비탈길을 내달리기 시작했어요.

그리고 바다로 뛰어들어 한 마리도 빠짐없이 모두 죽고 말았어요. 군대귀신은 그만큼 무서운 존재였어요.

군대귀신이 나가자 소리를 지르며 날뛰던 사람이 조용해졌어요.

갈릴리 호수에서 불어오는 상쾌한 바람이 그의 얼굴에 닿자 고개를 들어 예수님을 바라보았어요.

군대귀신에게 붙잡혀있던 그의 마음과 정신이 온전해졌어요.

예수님께서는 군대귀신에게 붙잡혀 고통당하는 사람을 위해 거라사인의 땅으로 오셨어요.

그리고 그 사람을 만나주셨어요. 고쳐주셨어요. 자유하게 하셨어요.

이제 자유를 얻은 사람은 예수님의 말씀을 기억하며, 순종하는 삶을 살기로 했어요.

"집으로 돌아가세요. 그리고 주께서 당신을 불쌍히 여기신 것과

어떻게 큰일을 행하셨는지 가족들과 사람들에게 전하세요."

한때 귀신에게 사로잡혔던 사람은 예수님을 만난 후,

이방 땅에서 불의한 세상의 힘에 억눌리고 고통당하는 사람들에게

예수님의 능력을 전하는 제자의 삶을 살았어요.

예수님께서는 거라사에서 강한 힘을 가진 군대 귀신에게 사로잡혀 고통 당하는 사람을 자유롭게 하셨어요. 구원하셨어요. 자유 하게하시는 예수님을 기억하며 가로, 세로, 대각선에서 숨은 낱말을 찾아보아요.

바	다	거	라	사	구
위	장	군	대	장	름
예	사	람	대	해	무
수	돼	바	람	귀	덤
님	지	쇠	사	슬	신
양	떼	달	갈	릴	리

*숨은 낱말 : 예수님, 거라사, 군대귀신, 무덤, 돼지떼, 쇠사슬

함께 기도해요

군대와 같이 강한 세상의 힘에 사로잡혀 고통당하는 사람을 자유하게 하시는 예수님을 믿습니다. 우리를 자유하게 하시는 예수님께 감사하는 어린이가 되게 해주세요. 아멘

예수님의 길을 따르는 사람들
가이사랴 빌립보의 제자들

● 배울 말씀: 마가복음 8장 27-35절
● 외울 말씀: 마가복음 8장 34절

 길을 따라가며 마가복음 8장 34절을 큰 소리로 읽고, 함께 외워요.

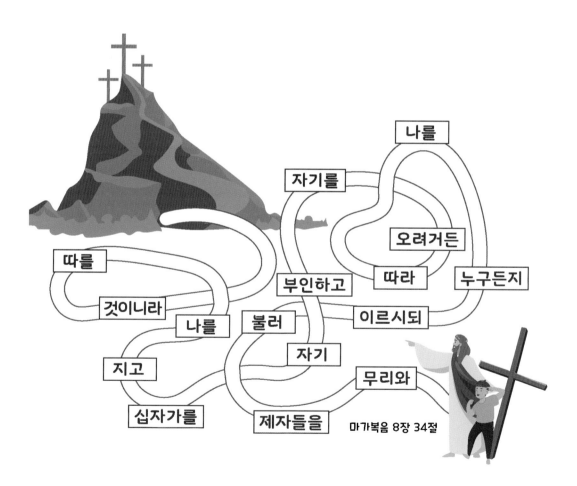

나를

자기를

오려거든

따를

따라   누구든지

것이니라   부인하고   이르시되

나를   불러

지고   자기

십자가를   제자들을   무리와

마가복음 8장 34절

십자가의 삶을 살아요!

QR코드를 핸드폰의 카메라로 스캔하면
이야기를 읽어주는 영상을 볼 수 있습니다.

이른 아침부터 예수님께서는 서둘러 떠날 준비를 하셨어요.

아직 침상에 누워있는 몇몇 제자들을 깨우시며 재촉하셨어요.

오늘 예수님께서는 갈릴리 북쪽에 위치한 가이사랴 빌립보로 제자들을 데려가셨어요.

제자들은 그곳이 소문대로 크고 화려한 도시인지 궁금해 하며 예수님을 따랐어요.

가이사랴 빌립보는 로마의 황제에게 바쳐진 도시였어요.

사람들은 도시 가장 높은 곳에 크고 웅장한 신전들을 세우고 이방의 신들을 섬겼어요.

도시 주변 많은 사람들은 강하고 풍요로운 삶을 바라는 마음으로 이곳에 찾아와 이방의 신들에게 제사를 드렸어요.

가이사랴 빌립보는 세상의 강한 힘과 화려한 삶을 꿈꾸는 사람들의 중심 도시가 되었어요.

가이사랴 빌립보에 도착한 제자들은 도시의 화려함과 크고 웅장한 신전과 이방의 신들에게 제사 드리는

수많은 사람들을 보고 놀랐어요.

예수님께서 세상의 강한 힘과 풍요로움을 다스리는 이방 신전을 보며 놀라는 제자들에게 물으셨어요.

"여러분, 사람들이 나를 누구라고 말합니까?"

제자들은 고개를 돌려 질문하시는 예수님을 바라보며 대답했어요.

"어떤 사람들은 세례 요한이라 말하고, 더러는 엘리야라고 말합니다."

"또 어떤 사람들은 옛 선지자들 중 한 사람이 다시 살아났다고 하는 말도 들었어요."

제자들의 이야기를 들으시고 예수님께서 다시 물으셨어요.

"그럼, 다른 사람들 말고 여러분들에게 나는 누구입니까? 나를 누구라고 생각하나요?

  사람들처럼 여러분들도 나를 세례 요한이라고, 엘리야라고 말합니까?"

"아닙니다. 예수님!"

베드로가 한발 앞으로 나오며 담대하게 예수님께 대답했어요.

"예수님은 세상을 구원하실 그리스도이십니다.

예수님은 세상을 만드시고 다스리시는 하나님의 아들이십니다."

베드로의 고백을 들은 제자들은 모두 같은 마음으로 예수님을

바라보았어요.

예수님께서는 제자들을 더 가까이 모이게 하신 후,

앞으로 예수님께서 겪으실 십자가 죽음과 부활에 대해 말씀하셨어요. 십자가를 지는 삶에 대해 말씀하셨어요.

"이제 나는 여러분들에게 내가 가야하는 길에 대해 말하려고 합니다.

　나는 곧 많은 고난을 받고, 장로들과 대제사장들과 서기관들에게 버림받아 죽게 될 것입니다.

　하지만 삼일 후에는 다시 살아날 것입니다."

"죽으시다니요. 안됩니다. 예수님." 베드로가 소리 높여 말했어요.

예수님은 베드로를 향해 강하게 말씀하셨어요.

"베드로! 당신은 지금 하나님이 하시는 일을 생각하지 않고 있군요!"

제자들은 하나님이 하시는 일이 무엇인지 물었어요.

"여러분! 잘 기억하세요. 내가 가는 길은 사람의 생각이나 세상의 모습과 다릅니다.

　세상은 더 높아지고, 더 강해지기 원하는 마음으로 자기만 앞세우고, 자기 욕심만 채우려고 하지만

　나는 자기를 희생하고 섬기는 사랑으로 다른 사람들을 섬기는 종이 되려고 합니다.

　이것이 바로 더 낮아지는 십자가의 길입니다."

예수님께서는 제자들 하나하나의 이름을 부르시고, 그들의 얼굴을 바라보며 다시 말씀하셨어요.

"여러분! 세상의 방식이 아니라 내가 걷는 십자가의 길을 따라오세요. 그리고 각자 자기 십자가를 지세요.

　이 세상과 사람들의 구원을 위해 죽기까지 사랑으로 섬기는 삶을 살아야 합니다."

예수님의 제자들은 더 이상 힘과 화려함으로 지어진 가이사랴 빌립보를 바라보지 않았어요.

제자들은 하나님의 아들이신 예수님, 그리스도 되시는 예수님만을 바라보았어요.

그리고 죽기까지 예수님의 십자가의 길을 따라갔어요. 십자가의 삶을 살았어요.

예수님께서는 가이샤라 빌립보에서 제자들에게 자기 십자가를 지고 예수님을 따라오라고 말씀하셨어요. 번호에 맞는 색깔을 칠해 그림을 완성해보아요.

	4			1	1	1	1	1	1		4	
		4		1	5	5	5	5	1	4		
			4	1	5		5	1	4			
1	1	1	1	1	2		2	1	1	1	1	1
1	5	5	5	5	2 2	2	2	5	5	5	5	1
1	1	1	1	1		2 2		1	1	1	1	1
			4	1	5		5	1	4			
		4	4	1	5		5	1	4	4		
	4	4		1	5		5	1		4	4	
4	4			1	5		5	1			4	4
4				1	5	5	5	5	1			4
				1	1	1	1	1	1			

색깔: 1번 초록색 , 2번 빨간색, 4번 노란색, 5번 연두색

함께 기도해요

우리를 위해 십자가의 길을 가신 예수님을 기억합니다. 예수님을 따라 십자가의 삶을 살았던 예수님의 제자들처럼 우리들도 십자가의 사랑을 따라가는 어린이가 되게 해주세요. 아멘